Inhalt Teil A

Inhalt Teil B

1 Was war in deiner Schultüte?
Schreibe deinen Namen, verbinde und male.

2 Wer war dabei am ersten Schultag?
Male und schreibe.

1. den eigenen Namen schreiben
2. zur Einschulung malen und schreiben

1 Sprich die Reime und spure nach.

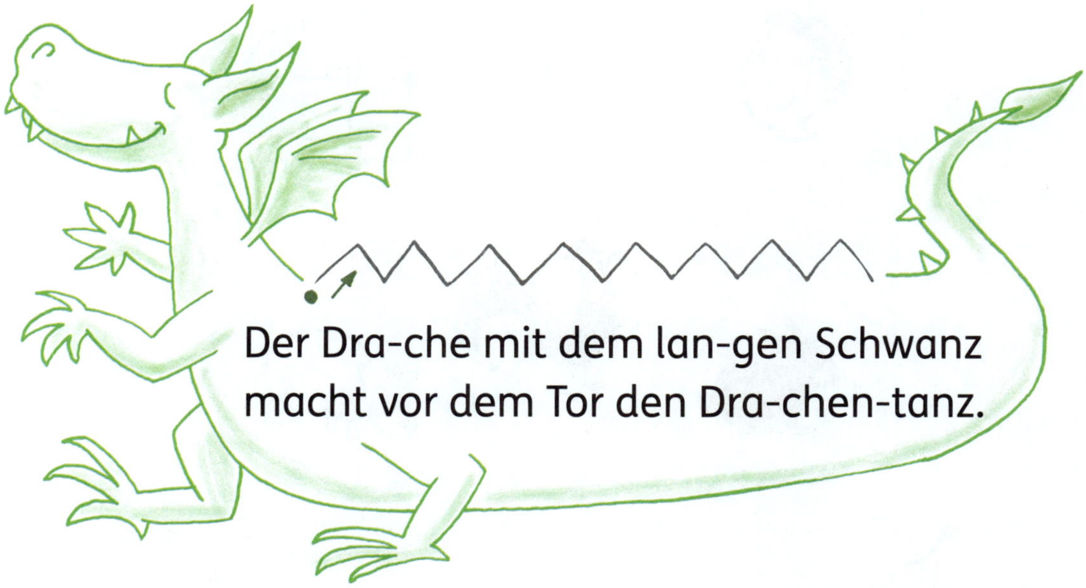

Der Dra-che mit dem lan-gen Schwanz
macht vor dem Tor den Dra-chen-tanz.

Der Re-gen tropft laut auf das Dach
und schon sind al-le Kin-der wach.

2 Male weiter.

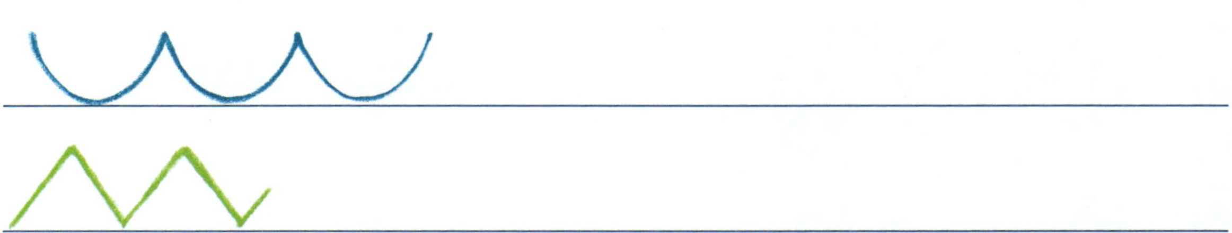

1 Was reimt sich? Verbinde.

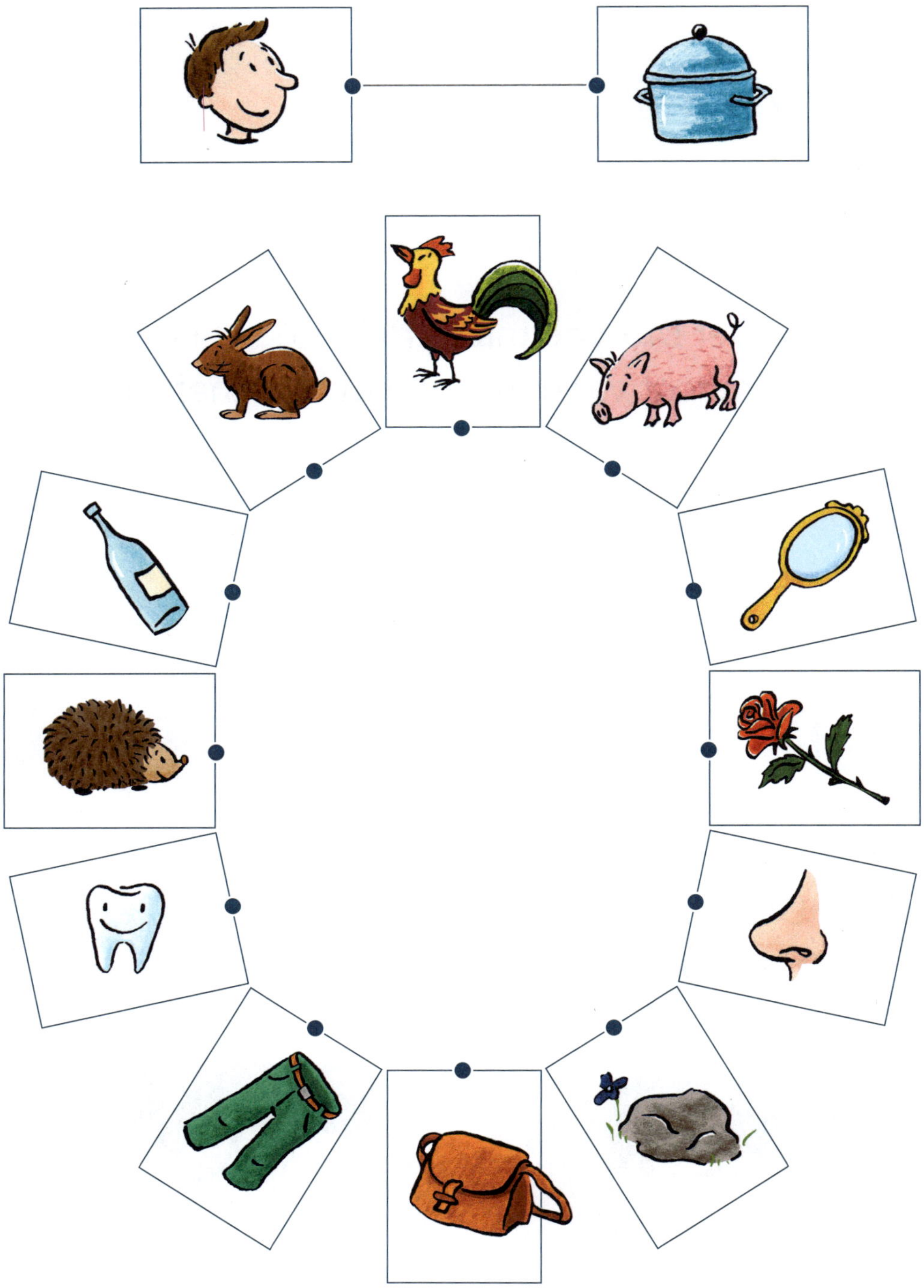

2 Male weiter.

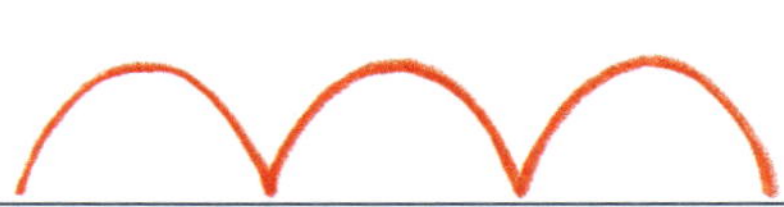

1. Reimwörter verbinden
2. Muster fortsetzen

1 Wie kannst du Silben zeigen?
Sprich, schwinge oder bewege dich.

2 Schwinge.

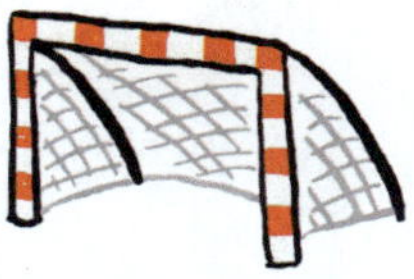

1. Silbenanzahl darstellen
2. Wörter in Silben schwingen und Silbenbögen zeichnen

1 Räume auf. Sortiere nach Silben.

2 Male weiter.

1. Wörter nach Silbenanzahl ordnen
2. Muster fortsetzen

1 Schreibe die Buchstaben.

Mm

1. Buchstaben mithilfe der Schreibtabelle malen oder schreiben

 Donnerstag, den 17.08.17

❶ Was klingt am Anfang gleich? Kreise ein.

1. gleiche Anlaute erkennen (akustische Diskriminierung)

HA

1 Schreibe die Buchstaben.

Sch sch

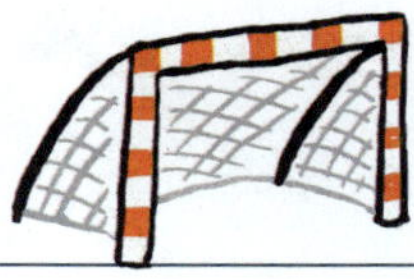

2 Schreibe die Buchstaben, die du schon kannst.

1. Buchstaben mithilfe der Schreibtabelle malen oder schreiben
2. bekannte Buchstaben schreiben

1 Was klingt am Anfang gleich? Kreise ein.

1  Schreibe die Könige und kreise ein.

1 Schreibe die Könige und kreise ein.

Au

1. gleiche Anlaute erkennen (akustische Diskriminierung) und Könige (Zwielaute und Umlaute) schreiben

1 Markiere die Könige.

 Hase

 Mond

 Hose

 Blume

 Wal

★  Zitrone

 Giraffe

2 Welche Könige fehlen? Schreibe.

 Piri

 Z_br_

 S_f_

 P_pp_

Dienstag (1. und 2. Std. - Vorkurs beenden)

❶ Jede Silbe hat einen König.
Schwinge und schreibe.

Hase

Rose

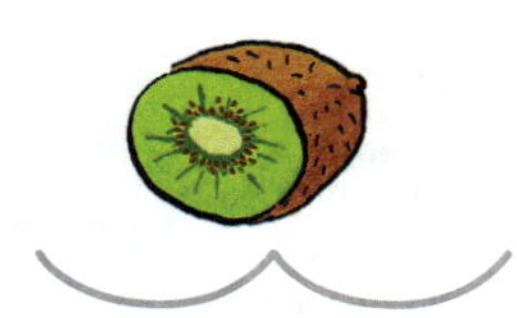

❷ Markiere die Könige.

1. Wörter schwingen und mithilfe der Schreibtabelle schreiben
2. Könige markieren

M m

❶ Schreibe.

M M M M M M M M

m m m m m m m m

M M M

m m m

M m M m

❷ Kreise M und m ein.

M A M A M O N A M I N I m o n i w i m m m i m e w u

❸ Hörst du M, m im Wort? Kreuze an.

☒

☐

☐

☐

1. Buchstaben nachspuren und schreiben
2. Buchstaben erkennen (optische Diskriminierung)
3. Laute erkennen (akustische Diskriminierung)

M m 

Mittwoch (1. Std.) – Weiterführung

❹ Wo klingt M, m im Wort? Höre und schreibe.

M

❺ Schwinge und schreibe.

Mantel

❻ Markiere die Könige.

4. An-, In- und Endlaut erkennen (akustische Diskriminierung)
5. Wörter schwingen und mit der Schreibtabelle schreiben
6. Könige markieren

❼ Wie kommt die Maus zum Käse? Kreise M, m ein.

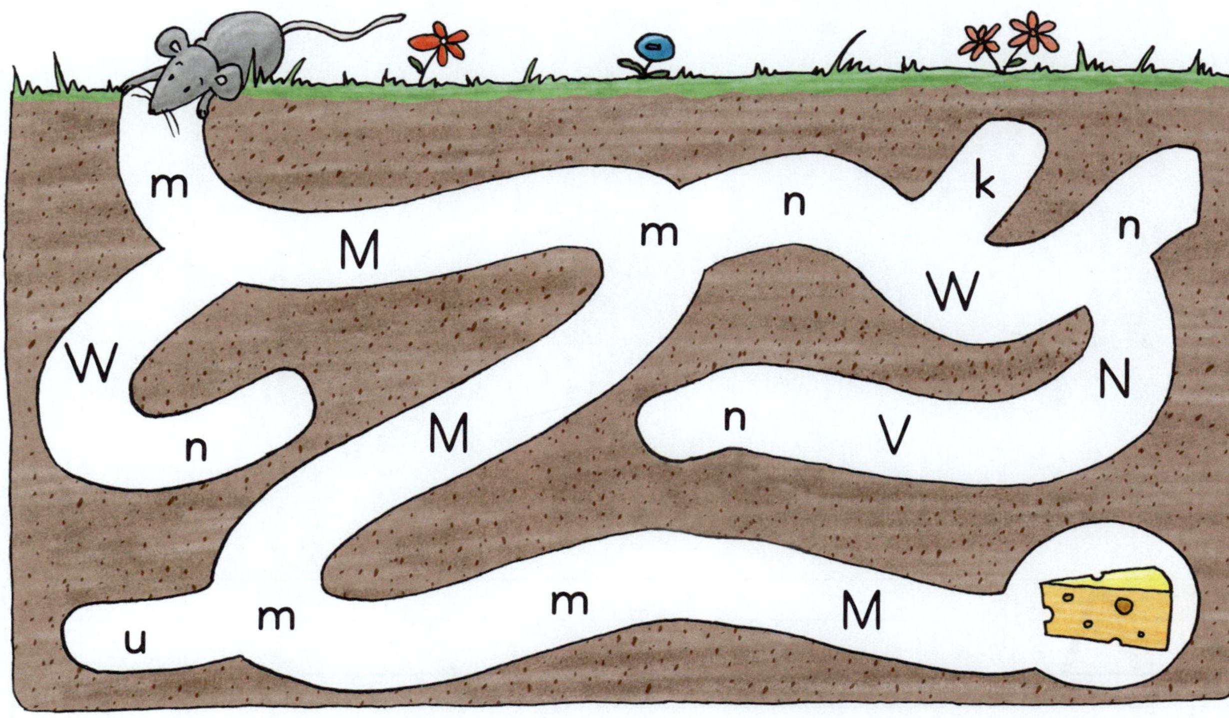

❽ Wen magst du? Male und schreibe.

A a

(Dienstag 2. Std.)

❶ Schreibe.

A A A A A A A A

a a a a a a a a a

A A A

a a a

Aa Aa

am

❷ Kreise A und a ein.

A V A M W A A L A M A L a o g a g a a l l e a u s a

❸ Hörst du A, a im Wort? Kreuze an.

☒

☐

☐

☐

1. Buchstaben nachspuren und schreiben
2. Buchstaben erkennen (optische Diskriminierung)
3. Laute erkennen (akustische Diskriminierung)

4 Wo klingt A, a im Wort? Höre und schreibe.

A

5 Schwinge und schreibe.

Amsel

6 Markiere die Könige.

❼ Wo klingt Ma oder ma im Wort? Höre und verbinde.

Ma ma

❽ Schreibe zum Bild.

7. Silben im Wort erkennen (akustische Diskriminierung)
8. mit der Schreibtabelle schreiben (freies Schreiben)

❶ Schreibe.

L L L L L L L L L L

l l l l l l l l l l l

L

l

Lama

Alma

❷ Kreise L und l ein.

Lama Lamm Alm malen Lampe Maler Ampel

❸ Hörst du L, l im Wort? Kreuze an.

☒

☐

☐

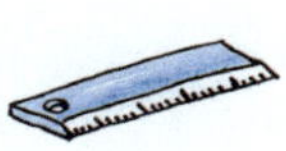
☐

1. Buchstaben nachspuren und schreiben
2. Buchstaben erkennen (optische Diskriminierung)
3. Laute erkennen (akustische Diskriminierung)

L l 

4 Wo klingt L, l im Wort? Höre und schreibe.

L

5 Schwinge und schreibe.

Lupe

6 Markiere die Könige.

4. An-, In- und Endlaut erkennen (akustische Diskriminierung)
5. Wörter schwingen und mit der Schreibtabelle schreiben
6. Könige markieren

❼ Wo klingt La, Am oder Ma im Wort?
Höre und verbinde.

❽ Male dich mit einem Lama im Zoo und schreibe.
Welche Tiere schaust du dir noch an? Male sie dazu.

7. Silben im Wort erkennen (akustische Diskriminierung)
8. malen und mit der Schreibtabelle schreiben (freies Schreiben)

E e

1 Schreibe.

E E E E E E E E E

e e e e e e e e e e

E E E

e e e

Emma

alle

Lea

2 Kreise E und e ein.

EnteEselEleeenemeeneElaLeaNenaOleBeereleerlesenTafel

3 Hörst du E, e im Wort? Kreuze an.

 ☐  ☐  ☐  ☐

1. Buchstaben nachspuren und schreiben
2. Buchstaben erkennen (optische Diskriminierung)
3. Laute erkennen (akustische Diskriminierung)

4 Wo klingt E, e im Wort? Höre und schreibe.

E

5 Schwinge und schreibe.

6 Markiere die Könige.

4. An-, In- und Endlaut erkennen (akustische Diskriminierung)
5. Wörter schwingen und mit der Schreibtabelle schreiben
6. Könige markieren

❼ Wo klingt Le oder le im Wort? Höre und verbinde.

Le le

❽ Was magst du? Male und schreibe.

7. Silben im Wort erkennen (akustische Diskriminierung)
8. malen und mit der Schreibtabelle schreiben (freies Schreiben)

O o

❶ Schreibe.

O O O O O O

o o o o o o o o

O

o

Oma

Leo

Ole

❷ Kreise O und o ein.

OmaOleOpaLeorotAutoDominoDinorosarollenDoseFotoTor

❸ Hörst du O, o im Wort? Kreuze an.

 ☐

 ☐

 ☐

 ☐

1. Buchstaben nachspuren und schreiben
2. Buchstaben erkennen (optische Diskriminierung)
3. Laute erkennen (akustische Diskriminierung)

O o

4 Wo klingt O, o im Wort? Höre und schreibe.

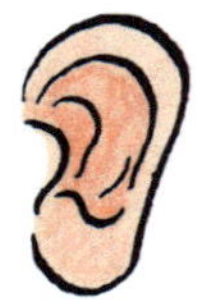

5 Schwinge und schreibe.

6 Markiere die Könige.

4. An- und Inlaut erkennen (akustische Diskriminierung)
5. Wörter schwingen und mit der Schreibtabelle schreiben
6. Könige markieren

O o

❼ Was gehört zusammen? Schreibe die Wörter auf.

La – ma O le O ma Lo la

❽ Schreibe zum Bild.

R r 

❶ Schreibe.

R R R R R R R

r r r r r r r r

R R R

r r r

Roller

Arm

er

❷ Kreise R und r ein.

ROBPEREPPRKRORKPRSORPRrotrollenrennenratenrosa

❸ Hörst du R, r im Wort? Kreuze an.

 ☐

 ☐

 ☐

 ☐

1. Buchstaben nachspuren und schreiben
2. Buchstaben erkennen (optische Diskriminierung)
3. Laute erkennen (akustische Diskriminierung)

❹ Wo klingt R, r im Wort? Höre und schreibe.

  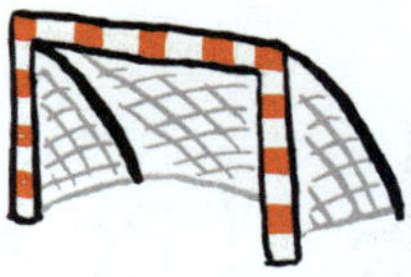 

❺ Schwinge und schreibe.

❻ Markiere die Könige.

4. An-, In- und Endlaut erkennen (akustische Diskriminierung)
5. Wörter schwingen und mit der Schreibtabelle schreiben
6. Könige markieren

R r 

7 Was gehört zusammen? Verbinde.

Rol
Ral
Mel

Ro
Ra
La

La
Ra
Ro

8 Was ist richtig? Kreuze an.

Roller ☐	Lama ☐	Alm ☐
Rolle ☐	Lamm ☐	Arm ☐

9 Was kann rollen? Schreibe.

7. passende Silben mit Bild verbinden
8. genau lesen
9. mit der Schreibtabelle schreiben (freies Schreiben)

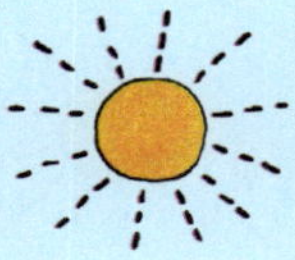

S s

❶ Schreibe.

S S S S S S S

s s s s s s s s s

S S S

s s s

Sommer

rosa

es

❷ Kreise S und s ein.

Esel essen im Sommer Salat.

❸ Hörst du S, s im Wort? Kreuze an.

 ☐

 ☐

 ☐

 ☐

1. Buchstaben nachspuren und schreiben
2. Buchstaben erkennen (optische Diskriminierung)
3. Laute erkennen (akustische Diskriminierung)

S s

4 Wo klingt S, s im Wort? Höre und schreibe.

5 Schwinge und schreibe.

6 Markiere die Könige.

4. An-, In- und Endlaut erkennen (akustische Diskriminierung)
5. Wörter schwingen und mit der Schreibtabelle schreiben
6. Könige markieren

7 Welche Wörter findet Piri auf seinem Weg?
Male jedes Wort in einer anderen Farbe an.

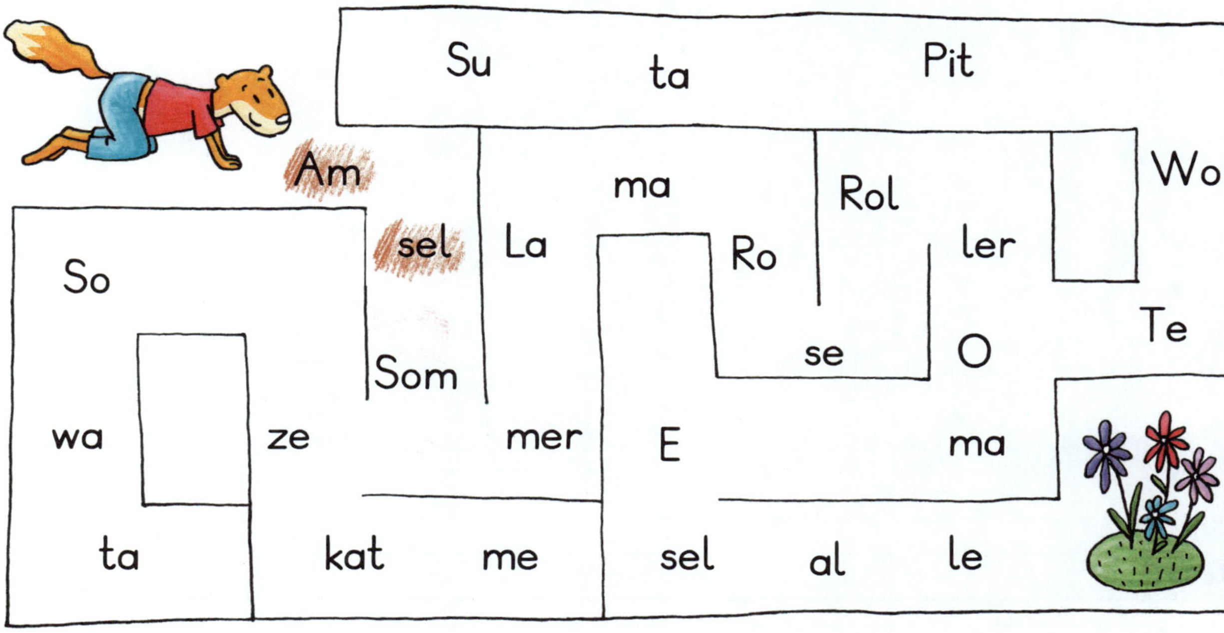

8 Was machst du in der Pause? Male und schreibe.

T t 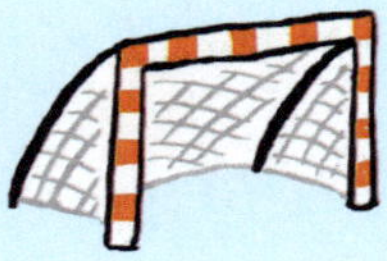

❶ Schreibe.

T T T T T T T

t t t t t t t t

T T T

t t t

Tor

Salat

ist

❷ Kreise T und t ein.

F H T E T K L T F T E T E L T K T f t l t j l t f t j l t t j l t f t t j f t

❸ Hörst du T, t im Wort? Kreuze an.

 ☐  ☐  ☐  ☐

1. Buchstaben nachspuren und schreiben
2. Buchstaben erkennen (optische Diskriminierung)
3. Laute erkennen (akustische Diskriminierung)

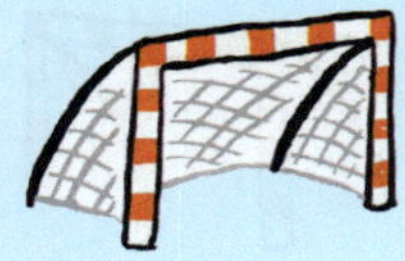

T t

❹ Wo klingt T, t im Wort? Höre und schreibe.

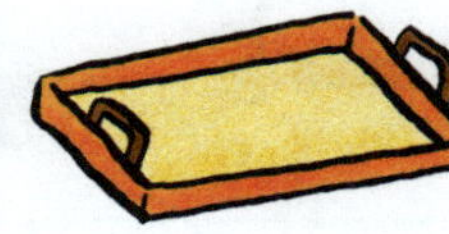

❺ Schwinge und schreibe.

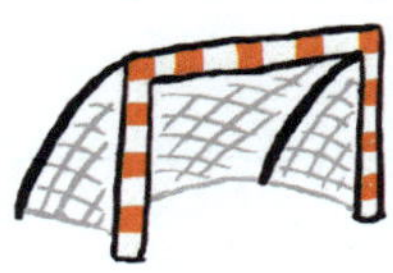

❻ Markiere die Könige.

4. An-, In- und Endlaut erkennen (akustische Diskriminierung)
5. Wörter schwingen und mit der Schreibtabelle schreiben
6. Könige markieren

T t 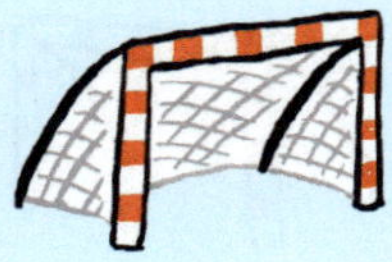

7 Welche Wörter findest du? Male an und schreibe.

Rol	Tas	Tel
ler	Tor	ler
te	se	Lamm

8 Wer spielt mit? Male und schreibe.

7. Wörter aus Silben zusammensetzen und schreiben
8. malen und mit der Schreibtabelle schreiben (freies Schreiben)

❶ Schreibe.

N N N N N N N N

n n n n n n n n n n

N N N

n n n

Name

lesen

in

❷ Kreise N und n ein.

N M V W M W M V N M W N V m n v u n m v r m m u m n n

❸ Hörst du N, n im Wort? Kreuze an.

 ☐

 ☐

 ☐

 ☐

1. Buchstaben nachspuren und schreiben
2. Buchstaben erkennen (optische Diskriminierung)
3. Laute erkennen (akustische Diskriminierung)

N n

❹ Wo klingt N, n im Wort? Höre und schreibe.

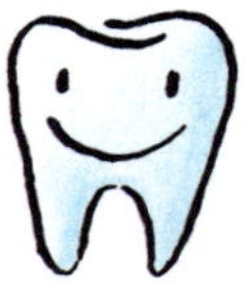

❺ Schwinge und schreibe.

❻ Markiere die Könige.

4. An-, In- und Endlaut erkennen (akustische Diskriminierung)
5. Wörter schwingen und mit der Schreibtabelle schreiben
6. Könige markieren

❼ Wie heißt das Wort?
Lies, verbinde und schreibe.

Na

me

se

Tan

ne

te

❽ Schreibe zum Bild.

7. Wörter aus Silben zusammensetzen und schreiben
8. mit der Schreibtabelle schreiben (freies Schreiben)

Ei ei

❶ Schreibe.

Ei Ei Ei Ei Ei Ei Ei

ei ei ei ei ei ei ei

Ei Ei Ei

ei ei ei

Eier

ein

Eis

❷ Kreise Ei und ei ein.

Eis Ei Meise Eimer Seil Leiter ein Seife eine reiten Seite Bein nein

❸ Hörst du Ei, ei im Wort? Kreuze an.

 ☐

 ☐

 ☐

 ☐

1. Buchstaben nachspuren und schreiben
2. Buchstaben erkennen (optische Diskriminierung)
3. Laute erkennen (akustische Diskriminierung)

4 Wo klingt Ei, ei im Wort? Höre und schreibe.

5 Schwinge und schreibe.

6 Markiere die Könige.

4. An-, In- und Endlaut erkennen (akustische Diskriminierung)
5. Wörter schwingen und mit der Schreibtabelle schreiben
6. Könige markieren

Ei ei

7 Wie heißt das Wort? Verbinde und schreibe.

Ei	ter
Lei	mer
Mei	le
Sei	se

8 Schreibe ein oder eine.

ein 

7. Wörter aus Silben zusammensetzen und schreiben
8. passende Begleiter einsetzen

U u

❶ Schreibe.

U U U U U U U U U

u u u u u u u u u u

U U U

u u u

Uroma

Nuss

um

❷ Kreise U und u ein.

Urmel ist unterm Ufo und macht Unsinn mit bunten Murmeln.

❸ Hörst du U, u im Wort? Kreuze an.

☐

☐

☐

☐

1. Buchstaben nachspuren und schreiben
2. Buchstaben erkennen (optische Diskriminierung)
3. Laute erkennen (akustische Diskriminierung)

U u

4 Wo klingt U, u im Wort? Höre und schreibe.

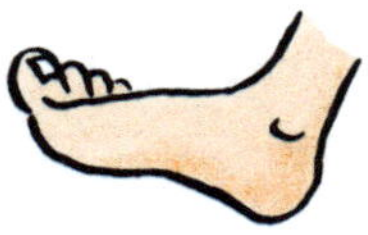   

5 Schwinge und schreibe.

6 Markiere die Könige.

4. An-, In- und Endlaut erkennen (akustische Diskriminierung)
5. Wörter schwingen und mit der Schreibtabelle schreiben
6. Könige markieren

❼ Über welche Wörter rollt die Murmel?
Male jedes Wort in einer anderen Farbe an.

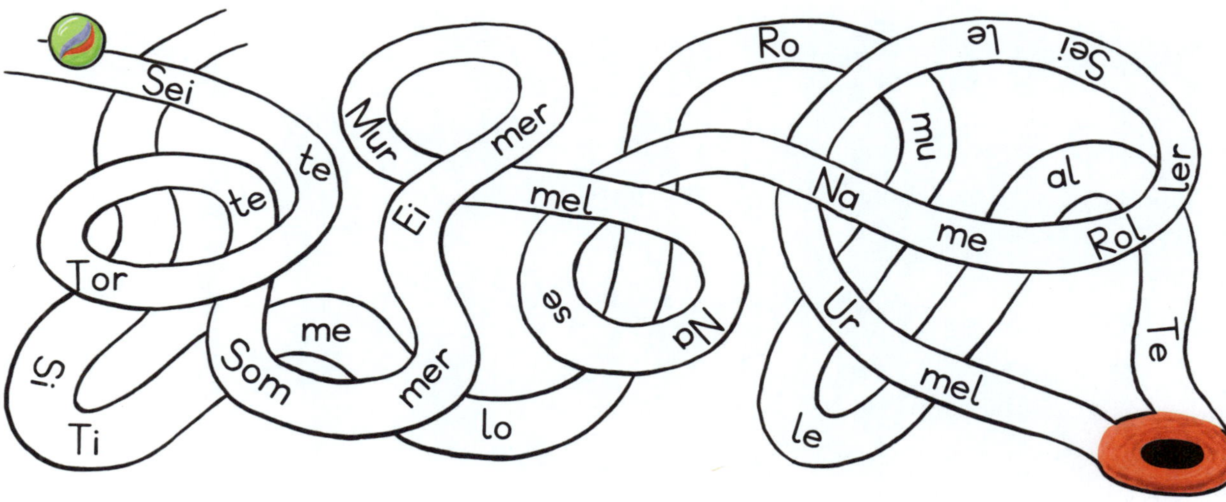

❽ Schreibe zum Bild.

B b 

❶ Schreibe.

B B B B B B B B B

b b b b b b b b b b

B B B

b b b

Bus

aber

bei

❷ Kreise B und b ein.

Berta und Barbara baden und bibbern in der blauen Badewanne.

❸ Hörst du B, b im Wort? Kreuze an.

 ☐

 ☐

 ☐

 ☐

1. Buchstaben nachspuren und schreiben
2. Buchstaben erkennen (optische Diskriminierung)
3. Laute erkennen (akustische Diskriminierung)

❹ Wo klingt B, b im Wort? Höre und schreibe.

❺ Schwinge und schreibe.

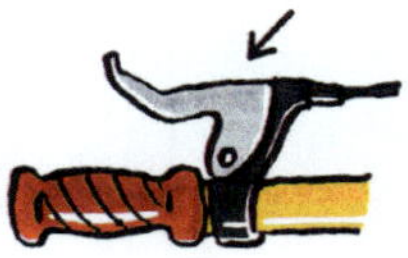 

❻ Markiere die Könige.

4. An- und Inlaut erkennen (akustische Diskriminierung)
5. Wörter schwingen und mit der Schreibtabelle schreiben
6. Könige markieren

B b 

❼ Welche Wörter findest du? Male an und schreibe.

Tel	Bei	ler
Be	me	Blu
ne	sen	Bus

 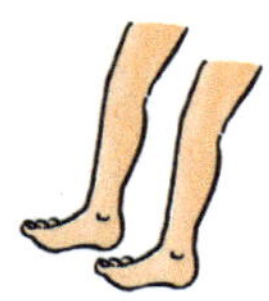

❽ Schwinge und schreibe.

7. Wörter aus Silben zusammensetzen und schreiben
8. Wörter mit B mit der Schreibtabelle schreiben

Ch -ch

1 Schreibe.

Ch Ch Ch Ch Ch

ch ch ch ch ch ch

Ch Ch Ch

ch ch ch

Chor

machen

noch

2 Kreise Ch und ch ein.

Buch Bach Tuch Nacht machen Chor ich nicht kochen Knochen

3 Hörst du ch im Wort? Kreuze an.

 ☐  ☐  ☐  ☐

1. Buchstaben nachspuren und schreiben
2. Buchstaben erkennen (optische Diskriminierung)
3. Laute erkennen (akustische Diskriminierung)

Ch -ch

❹ Wo klingt ch im Wort? Höre und schreibe.

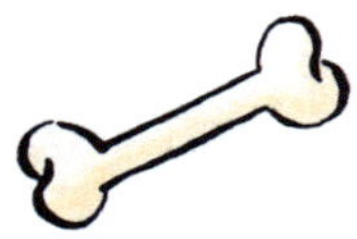

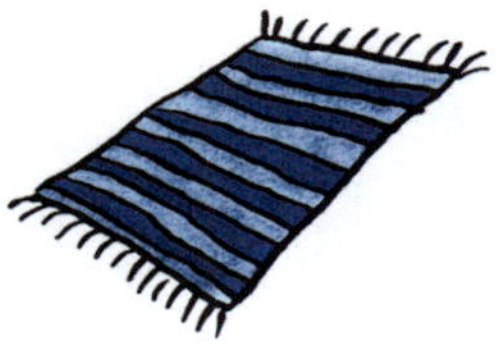

❺ Schwinge und schreibe.

❻ Markiere die Könige.

4. In- und Endlaut erkennen (akustische Diskriminierung)
5. Wörter schwingen und mit der Schreibtabelle schreiben
6. Könige markieren

7 Wie klingt -ch im Wort? Höre und kreuze an.

		X

8 Wie klingt Ch, -ch? Höre und verbinde.

7. Wörter mit -ch im Inlaut in Silben sprechen und Unterschiede wahrnehmen (offene – geschlossene Silbe)
8. unterschiedliche ch-Laute zuordnen (Phonem-Graphem-Zuordnung)

I i

1 Schreibe.

I I I I I I I I I I

i i i i i i i i i i

I

i

Insel

ich

nicht

2 Kreise I und i ein.

Lilli ist Ina Lilo mit Licht lila Insel Indianer Birne nicht Milch Tisch

3 Hörst du I, i im Wort? Kreuze an.

 ☐  ☐  ☐  ☐

1. Buchstaben nachspuren und schreiben
2. Buchstaben erkennen (optische Diskriminierung)
3. Laute erkennen (akustische Diskriminierung)

4 Wo klingt I, i im Wort? Höre und schreibe.

5 Schwinge und schreibe.

6 Markiere die Könige.

4. An-, In- und Endlaut erkennen (akustische Diskriminierung)
5. Wörter schwingen und mit der Schreibtabelle schreiben
6. Könige markieren

7 Welche Wörter findet der Igel auf dem Weg zum Apfel?
Male jedes Wort in einer anderen Farbe an.

8 Schreibe zum Bild.

7. Wörter aus Silben zusammensetzen
8. mit der Schreibtabelle schreiben (freies Schreiben)

1 Schreibe.

F F F F F F F F F

f f f f f f f f f f

F F F

f f f

Foto

rufen

oft

2 Kreise F und f ein.

F H T E F T F I L F T E F T f t j t f f l t j f j t f f l t j f t l t f f

3 Hörst du F, f im Wort? Kreuze an.

 ☐

 ☐

 ☐

 ☐

1. Buchstaben nachspuren und schreiben
2. Buchstaben erkennen (optische Diskriminierung)
3. Laute erkennen (akustische Diskriminierung)

F f

4 Wo klingt F, f im Wort? Höre und schreibe.

5 Schwinge und schreibe.

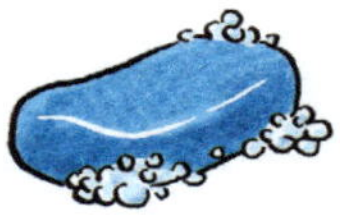

6 Markiere die Könige.

4. An-, In- und Endlaut erkennen (akustische Diskriminierung)
5. Wörter schwingen und mit der Schreibtabelle schreiben
6. Könige markieren

7 Welches Wort passt? Verbinde und schreibe.

fres · es · sen

ru · tref · fen

fal · rol · len

8 Schreibe zum Bild.

7. Wörter aus Silben zusammensetzen und schreiben
8. mit der Schreibtabelle schreiben (freies Schreiben)

K k 

❶ Schreibe.

K K K K K K K K K

k k k k k k k k k k

K K K

k k k

Klasse

kommen

kalt

❷ Kreise K und k ein.

Kekse Kakao Kaffee kichern krakeln Karte Paket

❸ Hörst du K, k im Wort? Kreuze an.

 ☐

 ☐

 ☐

 ☐

1. Buchstaben nachspuren und schreiben
2. Buchstaben erkennen (optische Diskriminierung)
3. Laute erkennen (akustische Diskriminierung)

K k

4 Wo klingt K, k im Wort? Höre und schreibe.

5 Schwinge und schreibe.

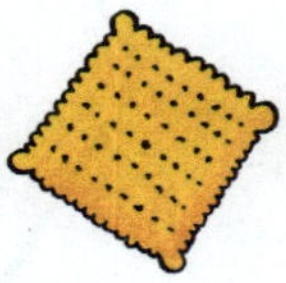

6 Markiere die Könige.

4. An-, In- und Endlaut erkennen (akustische Diskriminierung)
5. Wörter schwingen und mit der Schreibtabelle schreiben
6. Könige markieren

K k 

7 Wie heißt das Wort? Verbinde und schreibe.

Kis	ne	
Kof	te	
Kro	fer	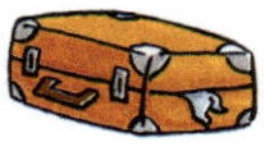
Klam	te	
Ket	mer	

8 Schwinge und schreibe.

7. Wörter aus Silben zusammensetzen und schreiben
8. Wörter mit K mit der Schreibtabelle schreiben

Wörter schreiben

1 Schwinge und schreibe. Markiere die Könige.

bunt | ich | Buch | lesen

nicht | machen | fein

2 Verbinde und schreibe. Markiere die Könige.

Na • | • ter | ru • | • chen

Ei • | • me | al • | • men

un • | • se | su • | • fen

Klas • | • mer | kom • | • le

1. Lernwörter schreiben (schwingen, schreiben, Könige markieren)
2. Wörter aus Silben zusammensetzen, schreiben und Könige markieren

Wörter schreiben

❶ Schwinge und schreibe. Markiere die Könige.

eine Ball Lama oft

Oma kommen rufen aber

❷ Wie heißt das Wort? Verbinde und schreibe.

Son	tel		
Man	to		
Fo	ne		
In	te		
Kar	sel		

1. Lernwörter schreiben (schwingen, schreiben, Könige markieren)
2. Wörter aus Silben zusammensetzen und schreiben